サイパー 国語 読解の特訓シリーズ シリーズ二十八

要約の特訓 中
・楽しく文章を書こう・
・文章の読解と要約の特訓・

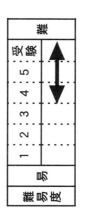

もくじ

「要約の特訓 中」について ……………… 2

このテキストの使い方 ……………………… 3

問題一 ──────────── 4

テスト一 ──────────── 16

問題二 ──────────── 20

テスト二 ──────────── 32

問題三 ──────────── 36

テスト三 ──────────── 48

（解答の〈 〉は、各問題の〈 〉に記してあります）

M.access　　　要約の特訓 中

「要約の特訓　中」について

　このテキストは、文章の要旨を正確につかみ、文章を短く要約する練習をするものです。文章の要旨を正確につかむということは、高い読解力を持つということに他なりません。読解力は、すなわち国語力そのものですので、このテキストは、高い国語力をつけるための直接的な効果が期待できるものです。

　小学生に対して、文章を書かせる勉強には、この「要約」の他に「作文」、「読書感想文」などがあります。「作文」はいわば「随筆文」です。「読書感想文」はいわば「書評」です。「随筆文」や「書評」などを書くには、高い創造力と批評力が必要となり、「随筆文」や「書評」は大人でも書くのが難しい文章です。ですから一般的な小学生や中学生ぐらいの子どもに「作文（随筆）」や「読書感想文（書評）」を書かせることは、仮にきちんと文章を書く指導をしたとしても、かなり困難な作業です。ましてや、書く指導をしないまま、「思ったまま書いてみましょう」「感じたことをそのまま書きましょう」程度の指導で、「作文」や「読書感想文」を書かせることは、子どもを「書く」ことから遠ざけ、嫌いにする要因の一つになっていると思われます。

　小学生に対して「書く」指導を行う場合は、まずは「要約」（あるいは「あらすじ」）から入るのが、子どもにとって負担が少なく、取り組みやすいので、たいへん良いのです。作文や感想文嫌いの子どもでも、比較的容易に、楽しく文章を書く練習ができるように、そして、国語力が向上することを願って、このテキストは作成されています。

このテキストの使い方

このテキストは、文字数をかんじょうする作文を書くときのルールの解答らんのマスは、文字数をかんじょうする作文を書くときのルールとはちがいますので、注意して下さい。

*最初の一マスを空ける必要はありません。最初のマスから書き始めましょう。

× | |わ|た|し|は|き|の|う|、|公|
|園|の|桜|の|木|の|下|に|座|っ|

○ |わ|た|し|は|き|の|う|、|公|園|
|の|桜|の|木|の|下|に|座|っ|て|

*読点（、）、句点（。）、カギカッコ（「」）などの記号も、必ず一マス使います。

× |太|郎|君|が|「|今|度|、|裏|山|
|の|探|検|に|行|こ|う|。」|と|言|

○ |太|郎|君|が|「|今|度|、|裏|山|
|の|探|検|に|行|こ|う|。|」|と|

*小さな「っ」や読点（、）、句点（。）、カギカッコの閉じる（」）が行の一番上に来る場合でも、カギカッコの開く（「）が行の一番下に来る場合でも、必ず一マス使ってかきます。

× |明|日|に|な|れ|ば|お|そ|ら|く|、|
|ク|ラ|ス|の|み|ん|な|で|植|え|

○ |明|日|に|な|れ|ば|お|そ|ら|く|
|、|ク|ラ|ス|の|み|ん|な|で|植|

問題1、例

■ 一文を要約する ―

◆書きぬき

問題1、後の□に合うように、例にならって、次の文を要約しなさい。ただし□に入れる言葉は、元の文から**書きぬく**こと。句読点（、と。）や記号など（「」・など）も一文字として、一マスつかって書きなさい。

例、久しぶりに、沖縄に住んでいるおじさんの家に、遊びに行きたいなあと、このごろぼくはよく思っている。

			の						の		に
				に					と	、	
		は						いる	。		

答

沖	縄	の	お	じ	さ	ん	の	家	に
遊	び	に	行	き	た	い	と	、	ぼ
く	は	思	っ	て	い	る	。		

「チャレンジ1」が10ページにあります。

問題一、1〜3

1、はなやかなパーティーの席で、話す人もいないエリは、どうしていいのかわからず、一人、ぼんやりとたたずんでいた。

2、窓を開けた私の目に、朝のまぶしい光が、矢のようにさしこんできて、思わず目をつぶってしまった。

3、かわいがっていた犬のタロウが、まるで神かくしにでもあったようにしまった。とつぜんいなくなってから、もう一週間もたってしまった。

1、江戸幕府は、自分たちの収入となる米の生産を上げるために、新田開発を積極的にすすめ、その結果、室町時代に比べておよそ三倍の耕地面積となり米の取れ高も増えた。（40字以内）

解答例：

江	戸	幕	府	の	新	田	開	発	の
結	果	、	室	町	時	代	に	比	べ
三	倍	の	耕	地	面	積	と	な	り
米	の	取	れ	高	も	増	え	た	。

2、江戸時代には、千歯こき、備中ぐわ、千石どおしなどの農業用具や、ほしか、油かすなどの肥料などが広まり、農作物の取れ高が増えました。（40字以内）

解答例：

江	戸	時	代	に	は	、	農	業	用
具	や	肥	料	な	ど	が	改	良	さ
れ	全	国	に	広	ま	り	、	農	作
物	の	取	れ	高	が	増	え	た	。

3、**蔵屋敷**という大名の倉庫があり、全国から**年貢米**やその他の産物が運ばれてきてそこで値段が決められ、商業都市として大坂は、「天下の**台所**」とよばれるなどしていたくんだ栄えていました。(50字以内)

解答例

全	国	か	ら	年	貢	米	な	ど	が
運	ば	れ	て	き	た	蔵	屋	敷	の
あ	る	大	坂	は	、	「	天	下	の
台	所	」	と	よ	ば	れ	、	た	い
へ	ん	栄	え	て	い	た	。		

4、京、大坂など**上方**とよばれる地方では、浮世草子、人形浄瑠璃や俳諧、浮世絵などで**元禄文化**とよばれる**町人**中心の文化がたいへんさかんになりました。(40字以内)

解答例

上	方	地	方	で	は	、	元	禄	文
化	の	は	な	や	か	な	町	人	中
心	の	は	な	や	か	な	文	化	が
さ	か	ん	に	な	っ	た	。		

問題、4～6

4、去年の夏に、海のそばに、新しく別荘を建てたおじさんは、それ以来毎日にこにことてもうれしそうだった。

5、例えばみかんやグレープフルーツのような、かんきつ系のくだものが、私のかわいい弟の大好物だ。

6、北海道および秋田、山形、新潟、富山など東北地方の日本海側や北陸地方は、米の産地としてたいへん有名です。

問題 7〜9

7、鎌倉幕府、室町幕府、江戸幕府のように、幕府と名がつく政権の長は、将軍である。(長ちょう=一番えらい人、代表者)

8、野菜とは、キャベツ、ピーマン、きゅうり、トマト、大根など、主に植物の葉やくきや根の部分で、それらを人間が食べられるように改良したものを言う。

9、えんぴつ、けしゴム、ノート、定規など、勉強や書き物、読書をする時に使う道具を、文房具といいます。

チャレンジ１　　　　　　　　　　　　　年　月　日

■１　文を要約する　１

◆書きぬき

問題１、後の□に合うように、例にならって、次の文を要約しなさい。ただし□に入れる言葉は、元の文から書きぬくこととし、一マスつかって書きなさい。句読点（、と。）や記号など（「」・など）も一文字とします。

例、久しぶりに、沖縄に住んでいるおじさんの家に、遊びに行きたいなあと、このごろぼくはよく思っている。

チャレンジ１、もっと短くまとめてみよう。

					の		に			
	と			は				い	る	
。										

答｜久しぶりにおじさんの家に遊びに行きたいとぼくは思っている。

解答 1〜3

1、はなやかなパーティーの席で、話す人もいなかったぼくは、たった一人、ぼんやりとたたずんでいた。

パ	ー	テ	ィ	ー	の	席	で	、	ユ
リ	は	一	人	、	ぼ	ん	や	り	と
た	た	ず	ん	で	い	た	。		

2、窓を開けた私の目に、朝のまぶしい光が、矢のようにさしこんできて、思わず目をつぶってしまった。

私	の	目	に	、	朝	の	光	が	さ
し	こ	ん	で	き	て	、	思	わ	ず
目	を	つ	ぶ	っ	た	。			

3、あっかわいがっていた犬のタロウが、まるで神かくしにあったように、とつぜんいなくなってから、もう一週間もたってしまった。

犬	の	タ	ロ	ウ	が	い	な	く	な
っ	て	か	ら	、	一	週	間	も	た
っ	た	。							

問題一、10〜12　　　　　　　　　　　　年　月　日

10、兵庫、岡山、広島、山口、香川、愛媛など、瀬戸内海に面している地方を瀬戸内地方と呼びます。

			を	、					
		ぶ	。						

11、ライト兄弟が一九〇三年に発明した飛行機は、現在までのおよそ百年間で、プロペラ機からジェット機へと急速に進歩しました。

			は	、					
	で	、						し	た
。									

12、スポーツが得意になるためには、まず基礎体力を高めることが、勉強も同じで、計算力や読書力など大切な要素です。得意になるための基礎込力を高めることが、基礎となる大切な要素です。

			も					と	
で	、					を			
		が			だ	。			

解答は18ページ

問題、13～14

13、将棋や碁、オセロのように、偶然に左右されないゲームよ、全てのカードが公開されない多くのトランプゲームなどり、思考力を高めるのにはとてもよい。

			に						
			は	、				を	
									。

14、例えば石器時代のように、人がまだ文字を持っていない時代の研究をすることを「考古学」といい、例えば古事記や日本書紀のような文字で記録されたものを元にその時代の研究をすることを「歴史学」といいます。

			の	な	い			の	
を						を			
		と	い	い	、			の	
を			に					の	
を						を			
		と	い	う	。				

解答は19ページ

4、去年の夏に、海のそばに新しく別荘を建てたおじさんは、それ以来毎日にこにことてもうれしそうだ。

別	荘	を	建	て	た	お	じ	さ	ん
は	、	毎	日	と	て	も	う	れ	し
そ	う	だ	。						

5、例えばみかんやグレープフルーツのような、かんきつ系のくだものが、私のかわいい弟の大好物だ。

| か | ん | き | つ | 系 | の | く | だ | も | の |
| が | 、 | 弟 | の | 大 | 好 | 物 | だ | 。 | |

6、北海道および秋田、山形、新潟、富山など東北地方の日本海側や北陸地方は、米の産地としてたいへん有名です。

北	海	道	お	よ	び	東	北	地	方
の	日	本	海	側	や	北	陸	地	方
は	、	米	の	産	地	と	し	て	有
名	だ	。							

7、鎌倉幕府、室町幕府、江戸幕府のように、幕府と名がつく政権の長は、将軍である。(長ちょう＝一番えらい人、代表者)

幕	府	と	名	が	つ	く	政	権	の
長	は	、	将	軍	だ	。			

8、野菜とは、キャベツ、ピーマン、きゅうり、トマト、大根などのような、主に植物の葉やくきや根の部分で、それらを人間が食べられるように改良したものを言う。

野	菜	と	は	主	に	植	物	の	葉
や	く	き	や	根	の	部	分	を	、
人	間	が	食	べ	ら	れ	る	よ	う
に	改	良	し	た	も	の	だ	。	

9、えんぴつ、けしゴム、ノート、定規など、勉強や書き物、読書をする時に使う道具を、文房具といいます。

勉	強	な	ど	を	す	る	時	に	使
う	道	具	を	、	文	房	具	と	い
う	。								

1. 飛行機の発明はライト兄弟とされていますが、発明者を公開できなければならない、気象条件など偶然の可能性が強いなどという立場から、発明の実験発明者をプラジル人のサントス・ドゥモンだと主張する人々もいます。（空欄各4点）

					の				を	、
					で		は		な	く
					は		な		だ	と
							も	い	る	。

2、富士山の見える伊豆半島から伊勢神宮のある志摩半島付近までの太平洋に面した地域である。静岡、愛知、岐阜、三重の四県を、特に東海地方と呼びます。（空欄各4点）

					か	ら				に
し	た		ま	で	の					
					を	、				
と	よ	ぶ	。							

3、縄文時代の遺跡からは、主に女性をかたどった土偶と呼ばれる土人形が発掘されていますが、なぜ女性の姿をしているのでしょうか。自然が新たな命を産むことと同じように、女性も新たな命を産むことから、女性が尊敬の対象となっていたからではないかと考えられています。(空欄各4点)

な	ぜ			は		に			が
					て	い	る	か	と
い	う	と	、		な		を		
む			が		や				
の			と					い	る
	だ	と							
。									

10、兵庫、岡山、広島、山口、香川、愛媛など、瀬戸内海に面している地方を瀬戸内地方と呼びます。

瀬戸内海に面している地方を、瀬戸内地方と呼ぶ。

11、ライト兄弟が一九〇三年に発明した飛行機は、現在までのおよそ百年間で、プロペラ機からジェット機へと急速に進歩しました。

飛行機は、およそ百年間で、急速に進歩した。

12、スポーツが得意になるためには、まず基礎体力をつける必要がありますが、勉強も同じで、計算力や読書力などの基礎力を高めることが、得意になるための大切な要素です。

勉強もスポーツと同じで、基礎力を高めることが大切な要素だ。

解答、13〜14

13、将棋や碁、オセロのように、偶然に左右されないゲームは、全てのカードが公開されない多くのトランプゲームなどより、思考力を高めるのにはとてもよい。

偶	然	に	左	右	さ	れ	な	い	ゲ
ー	ム	は	、	思	考	力	を	高	め
る	の	に	は	と	て	も	よ	い	。

14、例えば石器時代のように、人がまだ文字を持っていない時代の研究をすることを「考古学」といい、例えば古事記や日本書紀のような文字で記録されたものを元にその時代の研究をすることを「歴史学」といいます。

文	字	の	な	い	時	代	の	研	究
を	す	る	こ	と	を	「	考	古	学
」	と	い	い、	文	字	の	記	録
を	元	に	そ	の	時	代	の	研	究
を	す	る	こ	と	を	「	歴	史	学
」	と	い	う	。					

■一文を要約する 二

◆まとめる 一

問題二、後の□に入れる言葉を、例にならって、次の文を要約しなさい。□に当てはまるように、自分の言葉を使って答えなさい。とし、句読点やかっこなどの記号など(「」・など)も一文字として、一マスずつ書きなさい。元の文の言葉は、書きかえてもかまいません。

例、人物アメリカ人の動物学者であったエドワード・モースという人物は、大森貝塚を発見しました。東京大学の教授をつとめていた当時、汽車で移動中

										の
										は
、					を					
。										

解答例

ア	メ	リ	カ	人	動	物	学	者	の
エ	ド	ワ	ー	ド	・	モ	ー	ス	は
、	大	森	貝	塚	を	発	見	し	た
。									

「チャレンジ2」が26ページにあります。

問題三、1〜2

1、土で作られた人形で、魔よけや安産、その他さまざまなことをいのるために用いられたと考えられているのが、土偶です。

2、また同じ土人形でも、土偶より後の時代に作られ、土偶より素焼きの土器を、埴輪といいます。

解答テスト 1〜2

1、飛行機の発明は公表されていますが、発明の実験は気象条件など偶然のサポートが強かったなどという立場から、発明者をライト兄弟などといった人々が主張する可能性があります。（空欄各4点）

飛	行	機	の	発	明	者	を	、	ラ
イ	ト	兄	弟	で	は	な	く	、	サ
ン	ト	ス	・	ド	ウ	モ	ン	だ	と
主	張	す	る	人	々	も	い	る	。	

2、富士山の見える伊豆半島から伊勢神宮のある志摩半島付近までの太平洋に面した地域である、静岡、愛知、岐阜、三重の四県を、特に東海地方と呼びます。（空欄各4点）

伊	豆	半	島	か	ら	志	摩	半	島
付	近	ま	で	の	太	平	洋	に	面
し	た	地	域	の	四	県	を	、	東	海	地	方
と	呼	ぶ	。						

3、縄文時代の遺跡から土人形が発掘されていますが、なぜかたどった土偶と呼ばれる土人形が発掘されています。自然がさまざまな命を産むことから、女性が尊敬やおそれの対象となっていたからではないかと考えられています。（空欄各4点）

なぜ土偶は主に女性がかたどられて、新たな命を産むという女性が尊敬やおそれのたちと同じように、女性がなぜ新たな命を産むのと対象となっていたから。

問題 三、3〜4

3、後に天皇と呼ばれるようになった大王や、小国の王であった豪族たちが、自分たちの力を人々に示すために造った大きな墓を、古墳といいます。

4、親子、兄弟、親せき関係など、血のつながった一族の集まりを「氏」といい、また「氏」の家柄によって与えられた臣や連などの政治的な地位を「姓」といいます。

問題三、5〜6

5、聖徳太子が建てたと言われている奈良の法隆寺は、世界最古の木造建築として有名で、一九九三年には世界遺産に登録されました。

	は	、								
				に	も			さ	れ	て
い	る	。								

6、大化の改新とは、聖徳太子に親子を親にます藤原姓を滅ぼした改新とまわった中臣鎌足が協力して政治の実権を取りもどしたことから始まる改革で、後に天智天皇となった中大兄皇子と、蘇我蝦夷・入鹿

						、				
								が	、	
									を	
				こ	と					
				だ	。					

■一 文を要約する 二

◆まとめる 一

次の例文を要約するとき、あとの□□に合う言葉を、元の文の言葉を使って答えなさい（一ます一文字とし、書きかえてもかまいません）。ただし、□□に入れる言葉は、自分で書きなどに書きなさい。句読点（、。）や記号など（「」・など）もそれぞれ一ますつかって書きなさい。

例文
人物アメリカ人の動物学者であったエドワード・モースは、汽車で移動していた当時、大森貝塚を発見しました。のちに、東京大学の教授をつとめました。

チャレンジ２、もっと短くまとめてみよう。

ア、□□□□□□□□□□が□□□□□を□□□□□□□した。

イ、□□□□□□□□□□が□□□□□を□□□□□□□した。□

答、
ア、エドワード・モースが大森貝塚を発見した。
イ、動物学者が貝塚を発見した。大森

解答1～2

1、土で作られた人形で、魔よけや安産、その他さまざまなことをうらなうために用いられたと考えられているのが、土偶です。

解答例：魔よけや安産などをうらなうために用いられた、土で作られた人形が土偶だ。

2、また同じ土人形でも、土偶より後の時代に作られ、土偶よりも堅くてじょうぶで、主に古墳の副葬品として発掘される素焼きの土器を、埴輪といいます。

解答例：土偶より後に作られ、土偶より堅くてじょうぶで、主に古墳から発掘される素焼きの土器を、埴輪という。

問題 二、7〜8

7、正倉院には、ペルシアやインドの時代のゆうき水差しやガラスのコップ、鏡、碁盤など聖武天皇前後の楽器類、仏教に関する品など、およそ九千点も残されています。風具、文書類、薬草・香木類、さまざまな貴重な宝物が、

							、			
				時	代	の				
									。	

8、天皇が幼いときや天皇が女性の場合には摂政、天皇が男性でその場合には関白として、藤原氏が天皇に代わって政治を行ったことを摂関政治と言います。

			摂	政					関
白		、							
	摂	関	政	治				。	

問題三、9〜10

9、天皇がその地位をゆずり、上皇となった後も政治の実権をにぎり、自分の住まいである「院」で政治を行ったことを、院政と言います。

上	皇									、
「	院	」								
				、						。

10、奈良時代の僧である行基が築き、また日宋貿易の拠点としてその重要性を認めた平清盛が大改修を行った大輪田泊は、千年もの時を経て現在は神戸港として栄えています。

行	基				、	平	清	盛	
			、			神	戸	港	
						。			

解答 三、3〜4　　　　年　月　日

3、後に天皇と呼ばれるようになった大王や、小国の王であったような豪族たちが、自分たちの力を人々に示すため造った大きな墓を、古墳といいます。

解答例：大王や豪族が、自分たちの力を示すために造った大きな墓を、古墳という。

4、親子、兄弟、親せき関係など、血のつながった一族の集まりを「氏」といい、また「氏」の家柄によって与えられた臣や連などの政治的な地位を「姓」といいます。

解答例：血のつながった一族の集まりを「氏」といい、その家柄によって与えられた政治的な地位を「姓」という。

5、聖徳太子が建てたと言われている奈良の法隆寺は、世界最古の木造建築として有名で、一九九三年には世界遺産に登録されました。

解答例：聖徳太子が建てた法隆寺は、世界最古の木造建築として有名で、世界遺産にも登録されている。

6、大化の改新とは、後に天智天皇となった中大兄皇子が、蘇我蝦夷・入鹿親子を滅ぼし政治の実権を取りもどし、後に藤原姓を改めた中臣鎌足が協力したことから始まる改革です。

解答例：大化の改新とは、中大兄皇子と中臣鎌足が、蘇我蝦夷・入鹿親子を滅ぼしたことから始まる改革だ。

1、菅原道真の意見により遣唐使が廃止されたことも理由の一つとなって、日本独特の文化である国風文化が発達しました。(25点)

｜　　｜　　｜　　｜理　｜由　｜　　｜　　｜　　｜　　｜、｜
｜　　｜　　｜　　｜　　｜　　｜国　｜風　｜文　｜化　｜　｜
｜　　｜　　｜　　｜　　｜。｜　　｜　　｜　　｜　　｜　｜

2、家来が主人のために命をかけて戦うことを奉公といい、その手柄に応じて主人が家来に領地を与えたことを御恩といい、封建制度と言います。御恩と奉公の関係で成り立っている仕組みのことを、封建制度と言います。(25点)

｜　　｜主　｜人　｜　　｜家　｜来　｜　　｜　　｜　　｜、｜
｜　　｜　　｜　　｜関　｜係　｜　　｜　　｜　　｜　　｜　｜
｜　　｜　　｜　　｜　　｜　　｜　　｜　　｜　　｜、｜　｜
｜　　｜　　｜　　｜　　｜　　｜　　｜。｜　　｜　　｜　｜

3、十円玉の表にも描かれている宇治の平等院はうおう堂は、藤原頼通によって建てられたもので、平泉の中尊寺金色堂とともに、浄土教の教えに基づく阿弥陀堂としてよく知られています。(25点)

藤									
					平				
			、	中					
			、	阿					
					。				

4、鎌倉時代になると、農業や工業の発達にともなって商業もなったっての人の多い所や町の中の人の多い所や、道路の交わる所や港など交通の便の良い所に、月に三回、定期市とよばれる市が立つように発達しました。(25点)

					、	商	業		
	、							や	
						に	、		
	、						立	っ	
				。					

7、正倉院には、鏡・碁盤・コップ・ラスのつぼ・ガラス類・九千点もラス類・楽器類・薬草・香木・仏教に関する品などおよびつぼなど、薬草・香木・仏教に関する品などおよそ九千点も残されています。さまざまな貴重な宝物が文書類、うき具、水差し、アユの風の屏ゆう、シルの時代のいます。

解答例: 正倉院には、聖武天皇前後の時代の貴重な宝物が残されている。

8、天皇が幼いときや天皇が女性の場合に藤原氏が天皇に代わって政治を行ったことを摂関政治と言います。また、天皇が男性の場合には関白として政治を行ったのの場合には摂政、

解答例: 藤原氏が摂政または関白として、天皇に代わって政治を行ったことを摂関政治という。

解答 9〜10

9、天皇がその地位をゆずり、上皇となった後も政治の実権をにぎり、自分の住まいである「院」で政治を行ったことを、院政と言います。

解答例：上皇が実権をにぎり、「院」で政治を行ったことを、院政と言う。

10、奈良時代の僧である行基が築き、また日宋貿易の拠点としてその重要性を認めた平清盛が大改修を行った大輪田泊は、千年もの時を経て現在は神戸港として栄えています。

解答例：行基が築き、平清盛が大改修を行った大輪田泊は、現在は神戸港として栄えている。

■一文を要約する 三

◆まとめる 二

問題三の例にならって、次の文を指定された字数で要約しなさい。ただし文中の**太字**の言葉は必ず使ってまとめること。

例、室町時代になると、元々朝廷の役人であった**守護**が、**管理**を任された土地をまるで自分のもののように**支配**するようになり、守護大名とよばれるようになってゆきました。

（60字以内）

解答例

室	町	時	代	、	守	護	が	朝	廷
よ	り	管	理	を	任	さ	れ	た	土
地	を	自	分	の	も	の	の	よ	う
に	支	配	す	る	よ	う	に	な	る
、	守	護	大	名	と	よ	ば	れ	る
よ	う	に	な	っ	た	。			

「チャレンジ3」が42ページにあります。

問題三、1〜2

1、室町時代、有力な**守護大名**であった**細川氏**と**山名氏**が争い、また、それらの争いに**将軍**や**管領**のあとつぎ争いが複雑にからんで、**応仁の乱**という十一年もの長きにわたる戦いとなりました。（45字以内）

2、**室町時代**に発達した**書院造**は、部屋にはたたみがしかれ、違いだなや床の間もあり、現在の**和風住宅**のもととなりました。（30字以内）

解答 テスト 1〜2

(合格80点)

1、菅原道真の意見により遣唐使が廃止されたことも理由の一つとなって、日本独特の文化である国風文化が発達しました。（25点）

解答例：遣唐使が廃止されたことも理由となって、日本独特の国風文化が発達した。

2、家来が主人のために命をかけて戦うことを奉公といい、またその手柄に応じて主人が家来に領地を与えたことを御恩といい、この御恩と奉公の関係で成り立っている仕組みのことを、封建制度と言います。（25点）

解答例：主人と家来とが、御恩と奉公の関係で成り立っている仕組みを、封建制度と言う。

解答　テスト三　3〜4　　　　　　　　　年　月　日

3、十円玉の表にも描かれている宇治の平等院はうおう堂、平泉の中尊寺金色堂は、藤原頼通によって建てられたもので、浄土教の教えに基づく阿弥陀堂としてよく知られています。(25点)

解答例	藤	原	頼	通	に	よ	っ	て	建	て
	ら	れ	た	平	等	院	は	う	お	う
	堂	は	、	中	尊	寺	金	色	堂	と
	と	も	に	、	阿	弥	陀	堂	と	し
	て	知	ら	れ	て	い	る	。			

4、鎌倉時代し、町中の人の良い所に、月に三回、定期市とよばれる市が立つようになりました。農業や工業の発達にともなって商業も発達し、交通の便の良い所や港などの交通の便発達しました。(25点)

解答例	鎌	倉	時	代	、	商	業	も	発	達
	し	、	人	の	多	い	所	や	交	通
	の	便	の	良	い	所	に	、	月	に
	三	回	、	定	期	市	が	立	つ	よ
	う	に	な	っ	た	。					

問題三、3〜4

3、武力によって領地を支配し広げていった守護大名や、名元は身分は低かったけれど、武力によって他の武士たちのことをおしのけて力をつけて守護大名をたおし、その家来や武力をもって領地を広げていった戦国大名といいます。（50字以内）

4、織田信長は、石山本願寺など自分に敵対する仏教勢力をおさえるため、キリスト教を保護しその布教を認めまた宣教師から情報を入手し世界の情勢をできるだけ正確に知るためまた、（50字以内）

問題三、5〜6　　　　　　　　　　　　　　年　月　日

5、三河国の戦国大名であった徳川家康は、豊臣秀吉の死後、その家来であった石田三成と対立し、関ヶ原の戦いで三成に勝利し、全国を従える実権を手に入れました。（50字以内）

6、家康が関ヶ原の戦いに勝利する以前より家康に従っていた大名は家康にとって信頼できる者なので、譜代大名として江戸に近い所や要所を領地として与えられました。（50字以内）

チャレンジ 3　　　　　　　　　　　　　年　月　日

■一文を要約する　(三)

◆まとめる　(二)

問題三、例にならって、次の文を指定された字数で要約してまとめること。ただし文中の**太字**の言葉は必ず使いなさい。

例、**室町時代**になると、元々**朝廷**の役人である**守護**が**支配**するようになったことをきっかけに、任された**土地**をまるで自分のものにしていき、**守護大名**とよばれるようになった。

チャレンジ3、もっと短くまとめてみよう。（35字以内）

解答例

室	町	時	代	、	守
護	を	任	さ	れ	た
守	護	大	名	が	、
朝	廷	の	支	配	を
管	理	し	た	と	な
と	な	っ	て	土	地
を	支	配	し	た	。

※解答例は縦書きの枠内に記載

要約の特訓　中

1、室町時代、有力な**守護大名**であった**細川氏**と**山名氏**が争しい、また、その争いに将軍や管領のあとつぎ争いと複雑にからまって、**応仁の乱**という十一年もの長きにわたる戦いとなりました。(45字以内)

解答例:

守	護	大	名	の	細	川	氏	と	山
名	氏	と	の	争	い	に	将	軍	や
管	領	の	あ	と	つ	ぎ	争	い	が
か	ら	ん	で	、	応	仁	の	乱	と
な	っ	た	。						

2、**室町時代**に発達した**書院造**は、部屋にはたたみがしかれ、違いだなや床の間もあり、現在の**和風住宅**のもととなりました。(30字以内)

解答例:

室	町	時	代	に	発	達	し	た	書
院	造	は	、	現	在	の	和	風	住
宅	の	も	と	と	な	っ	た	。		

問題三、7〜8

7、農民がはらう**年貢**米以外の収入を得て、幕府の力を**強化**するため大名や武士、また大商人や外国人などに与え、積極的に海外との**貿易**をすすめました。（50字以内）徳川**家康**は**朱印状**とよばれる海外渡航の**許可証**を

8、江戸幕府三代将軍徳川**家光**が定めた**武家諸法度**という法の中に、**大名**を江戸と大名自身の**領地**とに一年ごとに交互に住まわせる**参勤交代**という制度がありました。（50字以内）

問題三、9～10

9、当時**農民**は、**全人口**のおよそ八割以上を占めており、中心とする**農業生産物**の全てを供給する**重要**な役目を果たしていましたが、実際上の**社会的地位**は低く、多くの農民は米を**厳しい生活**を送っていました。（55字以内）

10、**外国**が日本を攻めて来る**危険**から守るため、また**キリスト教**の布教を禁止するため、**幕府**は外国船の来航を禁止し、**オランダ**と清に限って、長崎の**出島**に来ることを許しました。（50字以内）

3、武力によって領地を支配し広げていった守護大名や、武力によって家来や他の武士たちの身分を低くしても力をつけて守護大名をたおし、武力で領地を広げた名を、戦国大名といいます。（50字以内）

解答例										
武	力	で	領	地	を	広	げ	た	守
護	大	名	や	、	武	力	で	守	護
大	名	を	た	お	し	た	そ	の	家
来	や	他	の	武	士	た	ち	を	、
戦	国	大	名	と	い	う	。			

4、織田信長は、石山本願寺など自分に敵対する仏教勢力をおさえるため、また正確に世界の情勢を知るため、キリスト教宣教師から情報を入手し、その布教を保護してキリスト教の布教を認めました。（50字以内）

解答例										
織	田	信	長	は	、	仏	教	勢	力
を	お	さ	え	る	た	め	、	ま	た
世	界	の	情	勢	を	知	る	た	め
、	キ	リ	ス	ト	教	を	保	護	し
布	教	を	認	め	た	。				

解答三、5～6

5、三河国の戦国大名であった徳川家康は、豊臣秀吉の死後、その家来であった石田三成と対立し、関ヶ原の戦いで三成に勝利し、全国を従える実権を手に入れました。（50字以内）

解答例：徳川家康は、豊臣秀吉の家来であった石田三成に関ヶ原の戦いで勝利し、全国を従える実権を手に入れた。

6、家康が関ヶ原の戦いで勝利する以前より家康に従っていた大名は家康にとって信頼できる者なので、譜代大名として江戸に近い所や要所を領地として与えられました。（50字以内）

解答例：関ヶ原の戦い以前より家康に従っていた大名は、譜代大名として江戸に近い所や要所を領地として与えられた。

1、江戸幕府は、自分たちの収入となる米の生産を上げるために、新田開発を積極的にすすめた結果、室町時代に比べて、おょそ三倍の耕地面積となり米の取れ高も増えました。
（40字以内）

2、江戸時代には、千歯こき、千石どおし、とうみ、備中ぐわなどの農業用具や、千かす、油かす、ほしかなどの肥料が改良され、全国に広まり、農作物の取れ高が増えました。
（40字以内）

3、**大坂**は、「**天下の台所**」とよばれ、商業都市として栄えていました。（50字以内）**蔵屋敷**という大名の倉庫があり、全国から**年貢米**やその他の産物が運ばれてきてそこで値段が決められるなどしてたいへん

4、京、大坂など**上方**とよばれる地方では、**町人**中心の浮世草子、浄瑠璃、俳諧、浮世絵など、**元禄文化**とよばれる**文化**がたいへん**さかん**になりました。（40字以内）

解答三、7〜8

7、農民がはらう**年貢米**以外の収入を得て、幕府の力を**強化**するため、徳川家康は**朱印状**とよばれる海外渡航の**許可証**を大名や武士、また大商人や外国人などに与え、積極的に海外との**貿易**をすすめました。（50字以内）

解答例										
	年	貢	米	以	外	の	収	入	で	幕
	府	を	強	化	す	る	た	め	、	家
	康	は	朱	印	状	と	よ	ば	れ	る
	許	可	証	を	大	名	な	ど	に	与
	え	、	貿	易	を	す	す	め	た	。	

8、江戸幕府三代将軍**徳川家光**が定めた**武家諸法度**という法の中に、**大名**を江戸と大名自身の**領地**とに**一年ごと**に交互に住まわせる**参勤交代**という制度がありました。（50字以内）

解答例										
	徳	川	家	光	が	定	め	た	武	家
	諸	法	度	に	、	大	名	を	江	戸
	と	領	地	と	に	一	年	ご	と	に
	住	ま	わ	せ	る	参	勤	交	代	と
	い	う	制	度	が	あ	っ	た	。		

9. 当時**農民**は、全人口のおよそ八割以上を占めており、米を中心とする**農業生産**物のすべてを供給する**重要**な役目を果たしていましたが、実際上の**社会的地位**は低く、多くの農民はたいへん厳しい**生活**を送っていました。(55字以内)

解答例:
農	民	は	人	口	の	八	割	以	上
を	占	め	、	農	業	生	産	を	す
る	重	要	な	役	目	を	果	た	し
て	い	た	が	、	社	会	的	地	位
は	低	く	厳	し	い	生	活	を	送
っ	て	い	た	。					

10. **外国**が日本を攻めて来る**危険**から守るため、また**キリスト教**の布教を禁止するため、幕府は外国船の来航を禁止し、**オランダ**と清に限って、長崎の**出島**に来ることを許しました。(50字以内)

解答例:
外	国	の	危	険	か	ら	守	り	キ
リ	ス	ト	教	を	禁	止	す	る	た
め	、	幕	府	は	オ	ラ	ン	ダ	と
清	に	限	っ	て	、	出	島	に	来
る	こ	と	を	許	し	た	。		

M.access 学ぶの理念

☆学びたいという気持ちが大切です
　勉強を強制されていると感じているのではなく、心から学びたいと思っていることが子どもを伸ばします。

☆意味を理解し納得する事が学びです
　たとえば、公式を丸暗記して当てはめて解くのは正しい姿勢ではありません。意味を理解し納得するまで考えることが本当の学習です。

☆学びには生きた経験が必要です
　家の手伝い、スポーツ、友人関係、近所付き合いや学校生活をしっかりできて「学び」の姿勢は育ちます。
　生きた経験を伴いながら、学びたいという心を持ち、意味を理解、納得する学習をすれば、負担を感じるほどの多くの問題をこなさずとも、子どもたちはそれぞれの目標を達成することができます。

発刊のことば

　「生きてゆく」ということは、道のない道を歩いて行くようなものです。「答」のない問題を解くようなものです。今まで人はみんなそれぞれ道のない道を歩き、「答」のない問題を解いてきました。
　子どもたちの未来にも、定まった「答」はありません。もちろん「解き方」や「公式」もありません。
　私たちの後を継いで世界の明日を支えてゆく彼らにもっとも必要な、そして今、社会でもっとも求められている力は、この「解き方」も「公式」も「答」すらもない問題を解いてゆく力ではないでしょうか。
　人間のはるかに及ばない素晴らしい速さで計算を行うコンピューターでさえ、「解き方」のない問題を解く力はありません。特にこれからの人間に求められているのは、「解き方」も「公式」も「答」もない問題を解いてゆく力であると、私たちは確信しています。
　M.accessの教材が、これからの社会を支え、新しい世界を創造してゆく子どもたちの成長に、少しでも役立つことを願ってやみません。

国語読解の特訓シリーズ三十八
要約の特訓 中 新装版 楽しく文章を書こう （内容は旧版と同じものです）

新装版 第一刷
編集者　M.access（エム・アクセス）
発行所　株式会社　認知工学
〒六〇四－八一五五　京都市中京区錦小路烏丸西入占出山町三〇八
電話　（〇七五）二五六－七七三三　email : ninchi@sch.jp
郵便振替　〇一〇八〇－九－一九三六二一　株式会社認知工学

ISBN978-4-86712-228-0　C-6381　　N28170124G　　M

定価＝ 本体六〇〇円 ＋税